Impressum

Verlag: BABADADA GmbH, Nedderfeld 112 , 22529 Hamburg

Geschäftsführer / Verlagsleitung: Harald Hof

Druck: Books on Demand GmbH, In de Tarpen 42, 22848 Norderstedt

Imprint

Publisher: BABADADA GmbH, Nedderfeld 112 , 22529 Hamburg, Germany

Managing Director / Publishing direction: Harald Hof

Print: Books on Demand GmbH, In de Tarpen 42, 22848 Norderstedt, Germany

la escuela

كلاس درس
el aula

تقسيم كردن
dividir

186/2

تخته
la pizarra

حياط مدرسه
el patio

معلم
el maestro/a

كاغذ
el papel

نوشتن
escribir

خودكار
el bolígrafo

ميز تحرير
el escritoria

خط كش
la regla

كتاب
el libro

دانش آموز
el alumno/a

كيف مدرسه
la cartera

جامدادى
la caja de lápices

مداد
el lápiz

تراش
el sacapuntas

پاک كن
la goma de borrar

دفتر رسم
el cuaderno de dibujo

طراحی

el dibujo

قلم مو

el pincel

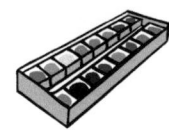

جعبه ی آبرنگ

la caja de pinturas

قیچی

las tijeras

چسب

el pegamento

کتاب تمرین

el cuaderno de ejercicios

تکلیف خانه

los deberes

12

رقم

el número

2+2

جمع کردن

sumar

5-2

تفریق کردن

restar

2×2

ضرب کردن

multiplicar

محاسبه کردن

calcular

A

حرف الفبا

la letra

ABCDEFG HIJKLMN OPQRSTU VWXYZ

الفبا

el alfabeto

hello

کلمه

la palabra

متن

el texto

خواندن

leer

گچ

la tiza

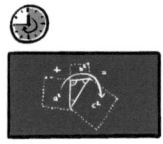

درس

la lección

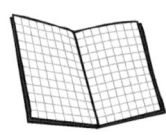

ثبت نام

el cuaderno de notas

امتحان

el examen

مدرک رسمی

el certificado

لباس مدرسه

el uniforme

تحصیلات

la educación

دانشنامه

la enciclopedia

دانشگاه

la universidad

میکروسکوپ

el microscopio

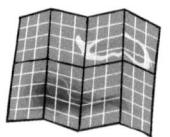

نقشه

el mapa

سبد کاغذ باطله

la papelera

سفر

el viaje

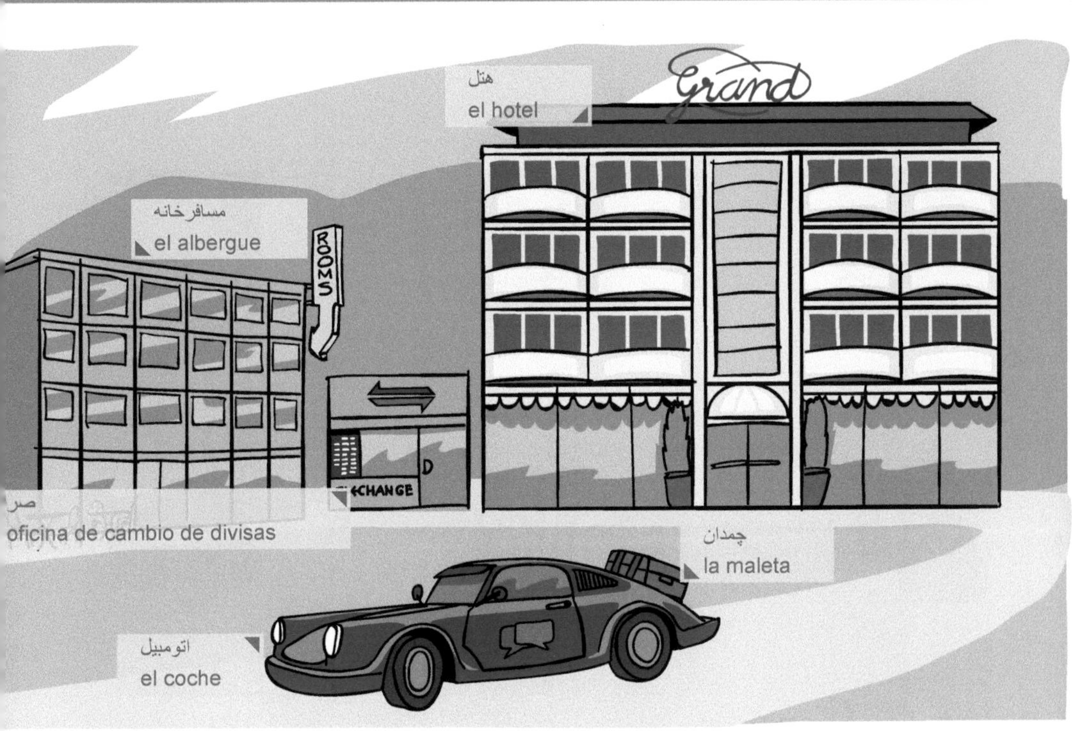

هتل
el hotel
Grand
مسافرخانه
el albergue
ROOMS
CHANGE
صر
oficina de cambio de divisas
چمدان
la maleta
اتومبیل
el coche

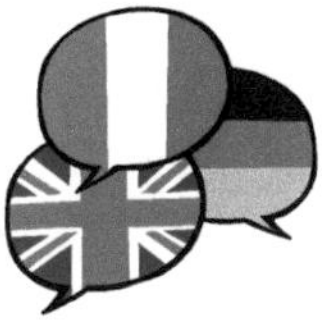

زبان

el idioma

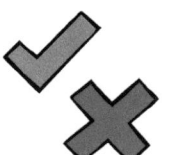

بله / خیر

sí / no

اُکی

Vale

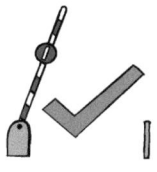

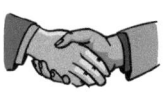

سلام

hola

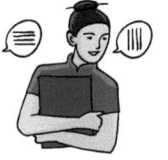

مترجم

el traductor

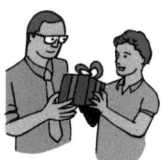

ممنون

Gracias

قیمت ... چه قدر است؟

¿cuánto es...?

من متوجه نمی شوم

No entiendo

مشکل

el problema

عصر بخیر! / شب بخیر!

¡Buenas tardes!

صبح بخیر!

¡Buenos días!

شب بخیر!

¡Buenas noches!

خداحافظ

adiós

جهت

la dirección

بار سفر

el equipaje

کیف

la bolsa

کوله پشتی

la mochila

مهمان

el invitado

اتاق

la habitación

کیسه خواب

el saco de dormir

خیمه

la tienda de campaña

مرکز راهنمای گردشگران
....
la información turística

ساحل
....
la playa

کارت اعتباری
....
la tarjeta de crédito

صبحانه
....
el desayuno

نهار
....
el almuerzo

شام
....
la cena

بلیط
....
el billete

آسانسور
....
el ascensor

مهر
....
el sello

مرز
....
la frontera

گمرک
....
la aduana

سفارتخانه
....
la embajada

ویزا
....
la visa

گذرنامه
....
el pasaporte

حمل و نقل
el transporte

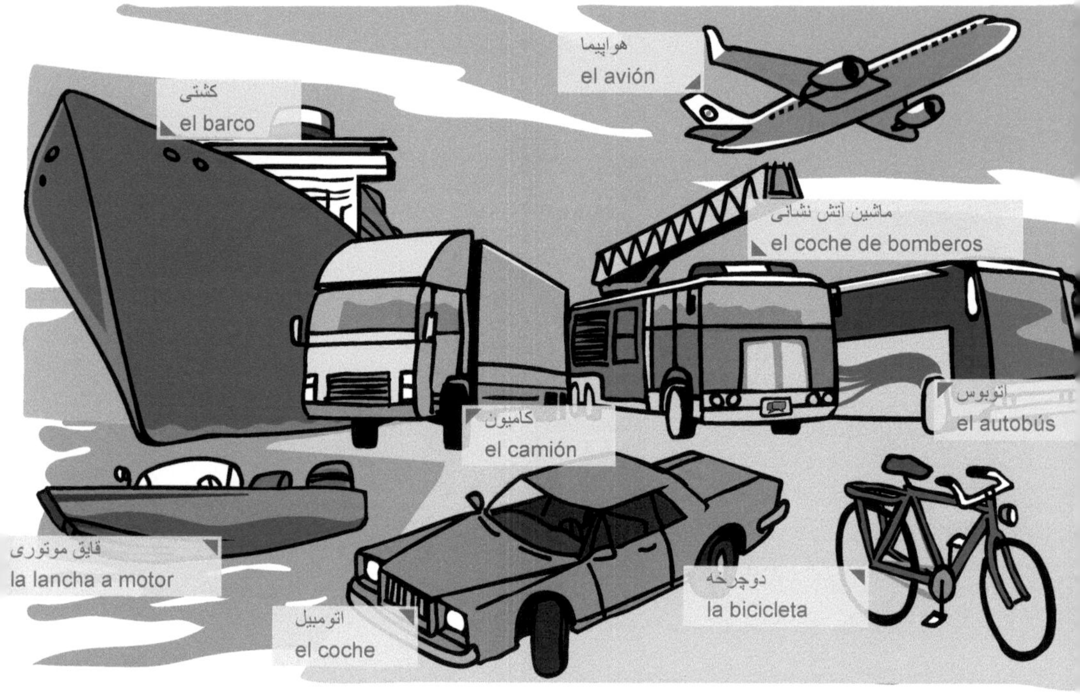

هواپیما
el avión
کشتی
el barco
ماشین آتش نشانی
el coche de bomberos
اتوبوس
el autobús
کامیون
el camión
قایق موتوری
la lancha a motor
دوچرخه
la bicicleta
اتومبیل
el coche

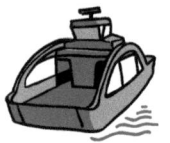

کشتی مسافربری
....
el transbordador

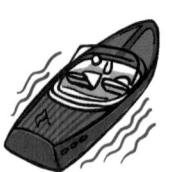

قایق
....
la barca

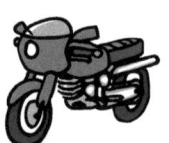

موتورسیکلت
....
la moto

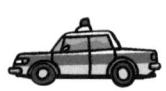

ماشین پلیس
....
el coche de policía

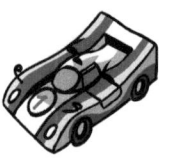

ماشین مسابقه
....
el coche de carreras

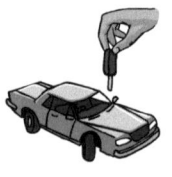

ماشین کرایه ای
....
el coche de alquiler

به اشتراک گذاری اتوموبیل

el préstamo de vehículos

جرثقیل

la grúa

ماشین حمل زباله

el camión de la basura

موتور

el motor

بنزین

la gasolina

پمپ بنزین

la gasolinera

تابلو راهنمایی و رانندگی

la señal de tráfico

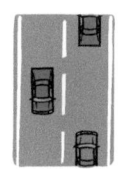

عبور و مرور

el tráfico

ترافیک

el atasco

پارکینگ

el aparcamiento

ایستگاه قطار

la estación de tren

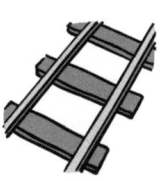

ریل راه آهن

las vías

قطار

el tren

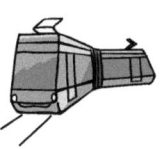

قطار برقی

el tranvía

واگن

el vagón

حمل و نقل - el transporte

9

هلیکوپتر

el helicóptero

فرودگاه

el aeropuerto

برج

la torre

مسافر

el pasajero

کانتینر

el contenedor

کارتن

la caja de cartón

گاری

la carretilla

سبد

la cesta

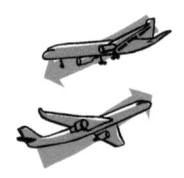

به پرواز درآمدن / فرود آمدن

despegar / aterrizar

شهر

la ciudad

دهکده

el pueblo

مرکز شهر

el centro de la ciudad

خانه

la casa

سینما
el cine

تبلیغ
el anuncio

چراغ خیابان
la farola

CINEMA

خیابان
la calle

تاکسی
el taxi

دکه
el quiosco

عابر پیاده
el peatón

پیاده رو
la acera

چهارراه
el cruce

خط کشی عابر پیاده
el paso de cebra

سطل آشغال بزرگ
contenedor de basura

چراغ راهنما
el semáforo

کلبه
la cabaña

آپارتمان
el apartamento

ایستگاه قطار
la estación de tren

ساختمان شهرداری
el ayuntamiento

موزه
el museo

مدرسه
la escuela

دانشگاه

la universidad

بانک

el banco

بیمارستان

el hospital

هتل

el hotel

داروخانه

la farmacia

اداره

la oficina

کتابفروشی

la librería

مغازه

la tienda de campaña

گل فروشی

la floristería

سوپرمارکت

el supermercado

بازار

el mercado

فروشگاه بزرگ

los grandes almacenes

ماهی فروش

la pescadería

مرکز خرید

el centro comercial

بندر

el puerto

پارک

el parque

نیمکت

el banco

پل

el puente

پله

las escaleras

مترو

el metro

تونل

el túnel

ایستگاه اتوبوس

la parada de autobús

میخانه

el bar

رستوران

el restaurante

صندوق پست

el buzón

تابلوی خیابان

el poste indicador

دستگاه پارکومتر

el parquímetro

باغ وحش

el zoo

استخر شنای عمومی

la piscina

مسجد

la mezquita

شهر - la ciudad

مزرعه

la granja

آلودگی محیط زیست

la contaminación

قبرستان

el cementerio

کلیسا

la iglesia

زمین بازی

el patio de juego

معبد

el templo

چشم انداز
el paisaje

برگ
la hoja

تابلوی راهنمای مسیر
la señal

راه
el camino

چمنزار
el prado

سنگ
la piedra

درخت
el árbol

راه نورد
el excursionista

رودخانه
el río

چمن
la hierba

گل
la flor

دره
....
el valle

تپه
....
la colina

دریاچه
....
el lago

جنگل
....
el bosque

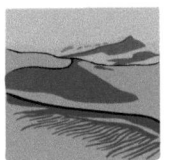

بیابان
....
el desierto

کوه آتشفشان
....
el volcán

قلعه
....
el castillo

رنگین کمان
....
el arcoíris

قارچ
....
el champiñón

درخت نخل
....
la palmera

پشه
....
el mosquito

مگس
....
la mosca

مورچه
....
la hormiga

زنبور
....
la abeja

عنکبوت
....
la araña

سوسک

el escarabajo

قورباغه

la rana

سنجاب

la ardilla

جوجه تیغی

el erizo

خرگوش صحرایی

la liebre

جغد

la lechuza

پرنده

el pájaro

قو

el cisne

گراز

el jabalí

گوزن نر

el ciervo

گوزن شمالی

el alce

سد آب

la presa

توربین بادی

la turbina eólica

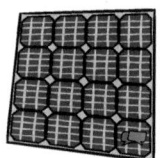

صفحه ی خورشیدی

el panel solar

آب و هوا

el clima

پیشخدمت رستوران
el camarero

منوی غذا
el menú

صندلی
la silla

سوپ
la sopa

پیتزا
la pizza

سرویس کارد و قاشق و چنگال
la cubertería

رومیزی
el mantel

پیش‌غذا
el primer plato

غذای اصلی
el plato principal

دسر
el postre

نوشیدنی‌ها
las bebidas

غذا
la comida

بطری
la botella

فست فود

la comida rápida

اغذیه خیابانی

la comida callejera

قوری

la tetera

قندان

el azucarero

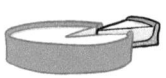

پُرس غذا

la porción

دستگاه اسپرسو

la cafetera expreso

صندلی پایه بلند غذاخوری بچه

la trona

صورتحساب

la cuenta

سینی

la bandeja

چاقو

el cuchillo

چنگال

el tenedor

قاشق

la cuchara

قاشق چایخوری

la cucharilla

دستمال سفره

la servilleta

لیوان

el vaso

بشقاب
....
el plato

بشقاب سوپخوری
....
el plato hondo

نعلبکی
....
el platillo

سس
....
la salsa

نمکدان
....
el salero

فلفل ساب
....
el molinillo de pimienta

سرکه
....
el vinagre

روغن خوراکی
....
el aceite

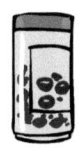

ادویه جات
....
las especias

سس کچاپ
....
el ketchup

سس خردل
....
la mostaza

سس مایونز
....
la mayonesa

سوپرمارکت

el supermercado

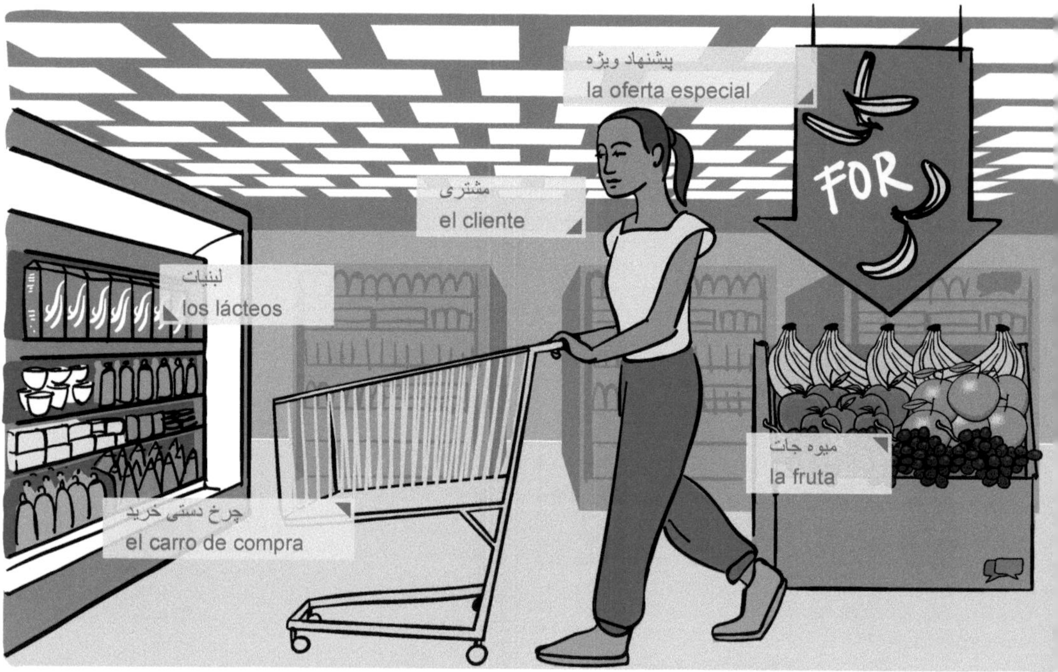

پیشنهاد ویژه
la oferta especial
FOR
مشتری
el cliente
لبنیات
los lácteos
میوه جات
la fruta
چرخ دستی خرید
el carro de compra

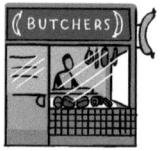

BUTCHERS

قصابی

la carniceria

BAKERY

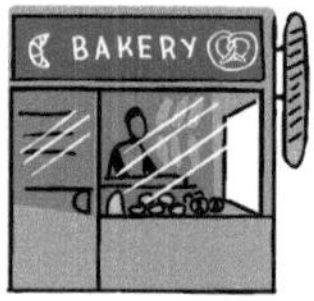

نانوایی

la panadería

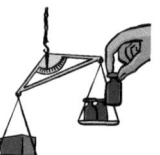

وزن کردن

pesar

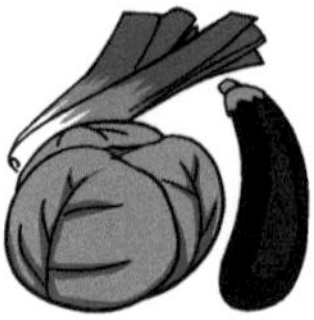

سبزیجات

las verduras

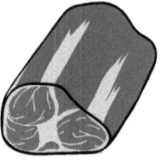

گوشت

la carne

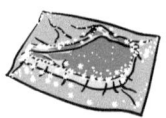

غذای منجمد

los alimentos congelados

مخلوطی از انواع کالباس یا پنیر که
ورقه ای بریده شده باشند

los fiambres

غذای کنسروی

las conservas

پودر لباسشویی

el detergente en polvo

شیرینی جات

los dulces

لوازم خانگی

productos de uso doméstico

ماده شوینده و پاک کننده

productos de limpieza

فروشنده

la vendedora

صندوق پرداخت

la caja de cartón

صندوقدار

el cajero

لیست خرید

la lista de la compra

ساعات کار

el horario de atención al
público

کیف پول

la cartera

کارت اعتباری

la tarjeta de crédito

کیف

la bolsa de plástico

کیسه ی پلاستیکی

la bolsa de plástico

las bebidas

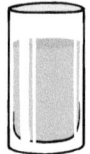

آب
....
el agua

آبمیوه
....
el zumo

شیر
....
la leche

نوشابه کوکاکولا
....
la cola

شراب
....
el vino

آبجو
....
la cerveza

الکل
....
el alcohol

کاکائو
....
el cacao

چای
....
el té

قهوه
....
el café

قهوه اسپرسو
....
el expreso

کاپوچینو
....
el capuchino

la comida

موز

el plátano

سيب

la manzana

پرتقال

la naranja

انواع هندوانه و خربزه

el melón

ليمو

el limón

هويج

la zanahoria

سير

el ajo

نی بامبو

el bambú

پياز

la cebolla

قارچ

el champiñón

آجيل

las avellanas

ماكارونی

los fideos

اسپاگتی

las espagueti

برنج

el arroz

سالاد

la ensalada

سیب زمینی سرخ کرده

las patatas fritas

سیب زمینی سرخ شده

las patatas fritas

پیتزا

la pizza

همبرگر

la hamburguesa

ساندویچ

el sándwich

شنیتسل

el filete

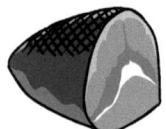

ژامبون خوک

el jamón

سالامی

le salami

سوسیس

la salchicha

مرغ

el pollo

نوعی گوشت سرخ شده

el asado

ماهی

el pescado

جوی پرک شده

los copos de avena

نوعی صبحانه مخلوطی از برگه ذرت و
میوه های خشک شده و خشکبار که
معمولا با شیر خورده می شود
el muesli

کورن‌فلکس

los copos de maíz

آرد

la harina

کرواسان

el cruasán

نان بروتشن

el panecillo

نان

el pan

نان تست

la tostada

بیسکویت

las galletas

گره

la mantequilla

کشک

la cuajada

کیک

el pastel

تخم مرغ

el huevo

تخم مرغ نیمرو

el huevo frito

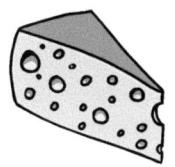

پنیر

el queso

بستنى

el helado

شكر

el azúcar

عسل

la miel

مربا

la mermelada

كرم شكلاتى بادامى

la crema de turrón

ادويه كارى

el curry

مزرعه
la granja

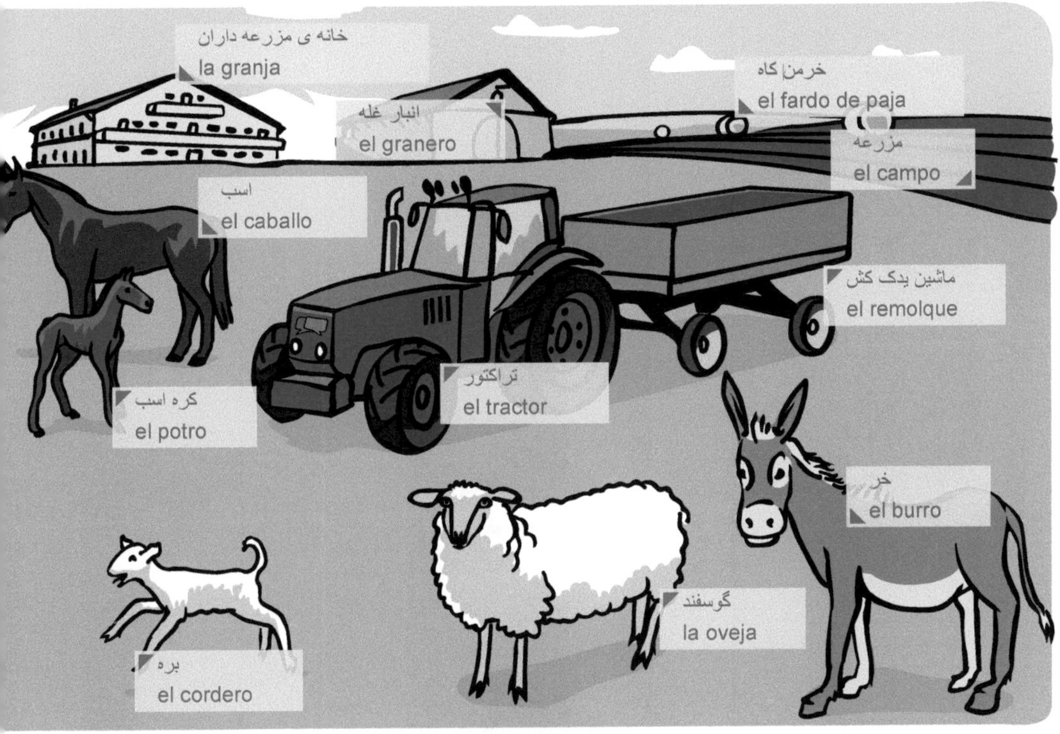

خانه ی مزرعه داران
la granja
انبار غله
el granero
خرمن کاه
el fardo de paja
مزرعه
el campo
اسب
el caballo
ماشین یدک کش
el remolque
کره اسب
el potro
تراکتور
el tractor
خر
el burro
گوسفند
la oveja
بره
el cordero

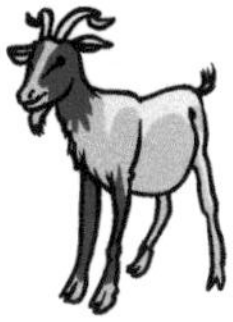
بز
la cabra

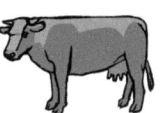

گاو ماده
la vaca

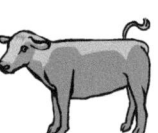

گوساله
el ternero

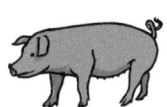

خوک
el cerdo

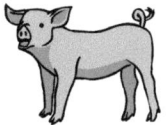

بچه خوک
el cerdito

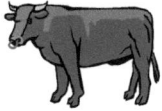

گاو نر
el toro

غاز
....
el ganso

اردک
....
el pato

جوجه
....
el pollo

مرغ
....
la gallina

خروس
....
el gallo

موش صحرایی
....
la rata

گربه
....
el gato

موش
....
el ratón

گاو نر اخته
....
el buey

سگ
....
el perro

لانه ی سگ
....
la perrera

شلنگ باغبانی
....
la manguera

آبپاش
....
la regadera

داس دسته بلند
....
la guadaña

گاوآهن
....
el arado

داس
....
la hoz

كج بيل
....
la azada

چنگک باغبانى
....
la horca

تبر
....
el hacha

فرقون
....
la carretilla

آبشخور
....
el abrevadero

بطرى نگهدارى شير
....
la lechera

كيسه
....
el saco

حصار
....
la valla

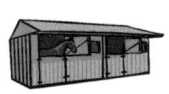

اصطبل
....
el establo

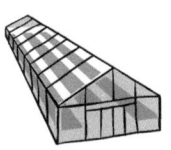

گلخانه
....
el invernadero

خاک
....
el suelo

بذر
....
la semilla

كود
....
el fertilizador

ماشين كمباين
....
la cosechadora

برداشت کردن محصول

cosechar

محصول

la cosecha

تمیس

el ñame

گندم

el trigo

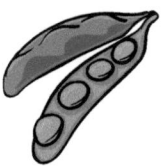

سویا

el soja

سیب زمینی

la patata

ذرت

el maíz

کلزا

la semilla de colza

درخت میوه

el árbol frutal

گیاه مانیوک

la mandioca

غلات

las cereales

خانه

la casa

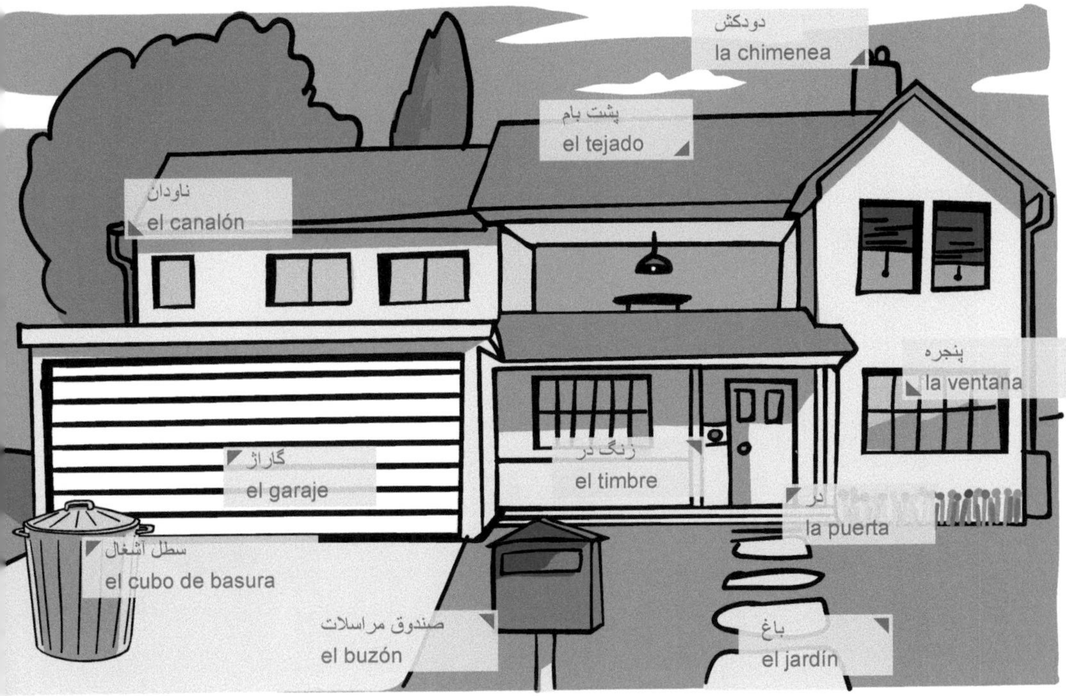
دودکش
la chimenea
پشت بام
el tejado
ناودان
el canalón
پنجره
la ventana
گاراژ
el garaje
زنگ در
el timbre
در
la puerta
سطل آشغال
el cubo de basura
صندوق مراسلات
el buzón
باغ
el jardín

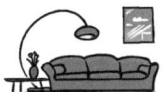

اتاق نشیمن

....

la sala

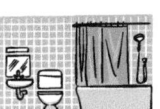

حمام

....

el cuarto de baño

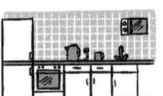

آشپزخانه

....

la cocina

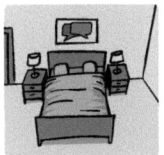

اتاق خواب

....

el dormitorio

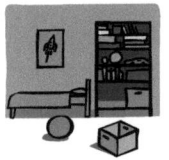

اتاق بچه

....

la habitación de los niños

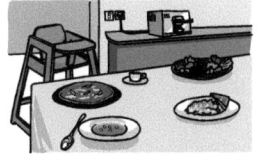

ناهارخوری

....

el comedor

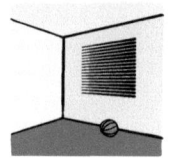

كف زمين

....

el suelo

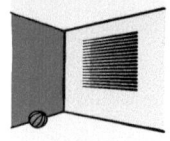

ديوار

....

la pared

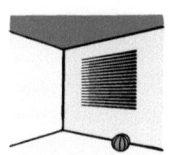

سقف

....

el techo

زيرزمين

....

el sótano

سونا

....

la sauna

بالكن

....

el balcón

تراس

....

la terraza

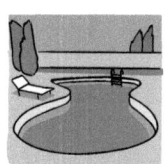

استخر

....

la piscina

ماشين چمنزنى

....

el cortacésped

ملافه

....

la sábana

روتختى

....

la colcha

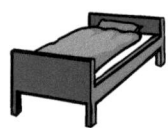

تخت خواب

....

la cama

جارو

....

la escoba

سطل

....

el balde

سويچ يا كليد

....

el interruptor

اتاق نشیمن

la sala

کاغذ دیواری
el papel pintado
عکس
la imagen
لامپ
la lámpara
قفسه
el estante
کابینت
el armario
تلویزیون
la televisión
شومینه
la chimenea
گل
la flor
کوسن
el cojín
کاناپه
el sofá
گلدان
el jarrón
کنترل تلویزیون و ویدئو و غیره
el mando a distancia

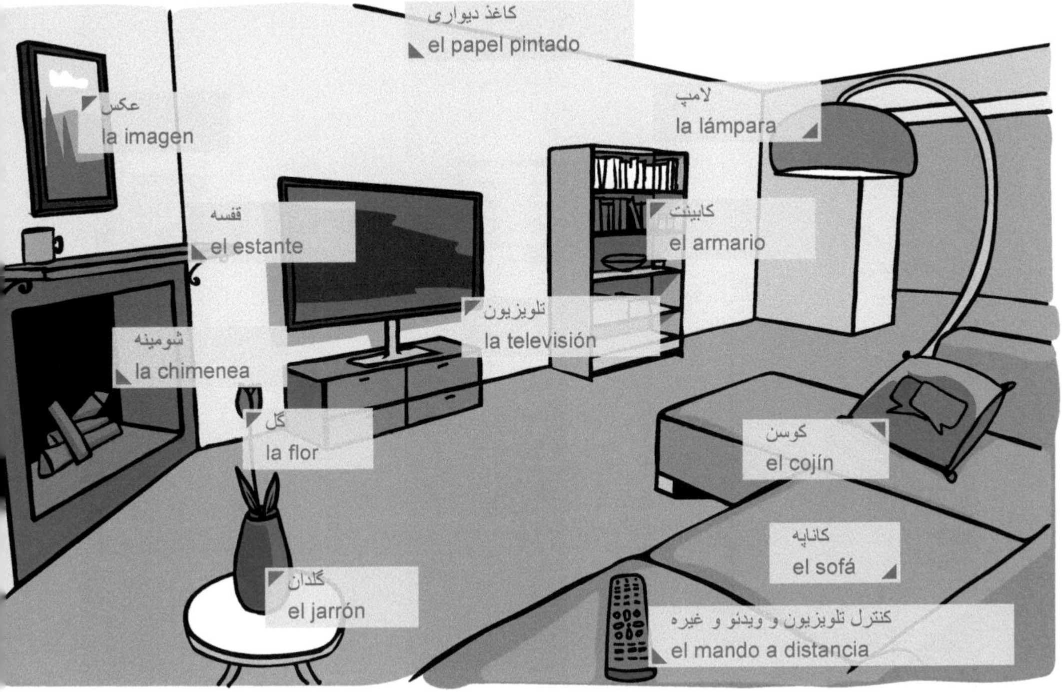

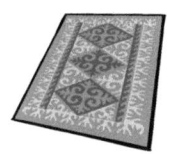

فرش

la alfombra

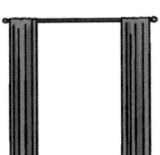

پرده

la cortina

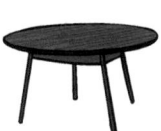

میز

la mesa

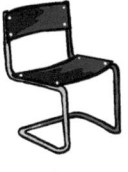

صندلی

la silla

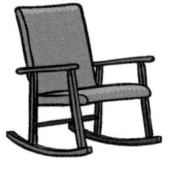

صندلی گهواره ایی

el mecedora

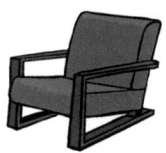

صندلی راحتی

la butaca

كتاب

el libro

لحاف

la manta

دكوراسيون

la decoración

هيزم

la leña

فيلم

la película

دستگاه ضبط صوت

el equipo de música

كليد

la llave

روزنامه

el periódico

تابلو نقاشى

la pintura

پوستر

el póster

راديو

la radio

دفترچه يادداشت

el cuaderno

جاروبرقى

la aspiradora

كاكتوس

el cactus

شمع

la vela

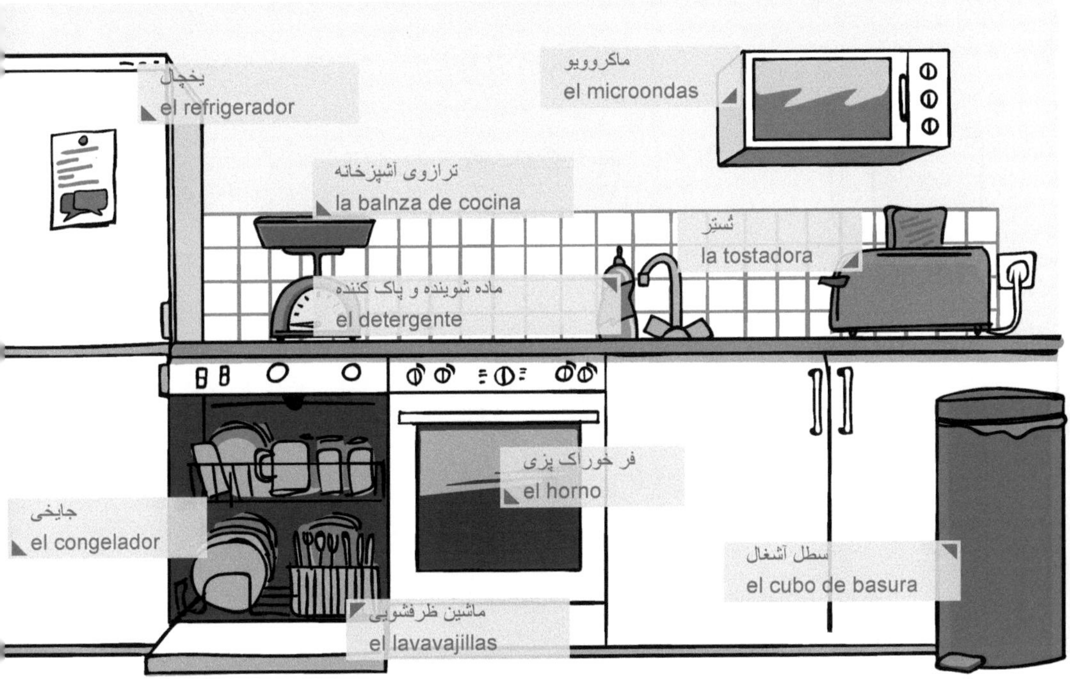

يخچال
el refrigerador

ماکروویو
el microondas

ترازوی آشپزخانه
la balnza de cocina

تُستر
la tostadora

ماده شوینده و پاک کننده
el detergente

فر خوراک پزی
el horno

جایخی
el congelador

سطل آشغال
el cubo de basura

ماشین ظرفشویی
el lavavajillas

اجاق گاز
la olla a presión

قابلمه
la olla

قابلمه چدنی
la olla de hierro fundido

ماهی تابه گود
el wok

ماهی تابه
la cazuela

کتری
el hervidor

بخارپز

la vaporera

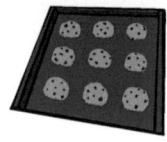

سینی فر

la chapa de horno

ظرف چینی آشپزخانه

la vajilla

لیوان

la taza

کاسه

el tazón

چاپستیک

los palillos

ملاقه

el cucharón

کفگیر

la espumadera

همزن

el batidor

آبکش

el colador

آبکش

el cedazo

رنده

el rallador

هاون

el mortero

باربیکیو

la barbacoa

محل مخصوص افروختن آتش

la hoguera

تخته گوشت و سبزی

la tabla de picar

وردنه

el rodillo

در بطری بازکن

el sacacorchos

قوطی

la lata

در قوطی بازکن

el abrelatas

دستگیره پارچه ای

el agarrador

سینک ظرفشویی

el lavabo

برس گردگیری

el cepillo

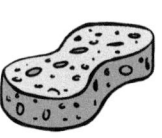

اسفنج

la esponja

مخلوط کن

la batidora

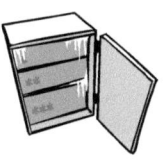

فریزر

el congelador

شیشه شیر بچه

el biberón

شیر آب

el grifo

el cuarto de baño

دوش
la ducha

بخاری
la calefacción

حوله
la toalla

پرده ی حمام
la cortina de la ducha

حمام کف
el baño de espuma

وان حمام
la bañera

لیوان
el vaso

ماشین لباسشویی
la lavadora

کاشی
las baldosas

شیر آب
el grifo

لگن دستشویی کودکان
el orinal

سینک ظرفشویی
el lavabo

تو الت
el inodoro

توالت ایرانی
el inodoro rústico

کاسه توالت
el bidé

توالت مخصوص آقایان
el urinario

دستمال توالت
el papel higiénico

فرچه توالت
la escobilla del váter

مسواک

el cepillo de dientes

خميردندان

la pasta de dientes

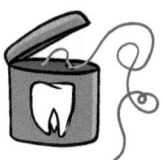

نخ دندان

el hilo dental

شستن

lavar

دوش آب تلفنی

la ducha de mano

شلنگ توالت

la ducha íntima

لگن روشویی

la pila

برس شست و شوی پشت

el cepillo de espalda

صابون

el jabón

شامپو بدن

el gel de ducha

شامپو

el champú

لیف حمام

la toallita

راه آب

el desagüe

کرم

la crema

اسپری دئودورانت

el desodorante

آیینه

el espejo

آیینه ی کوچک دستی

el espejo de tocador

تیغ ریش تراشی

la maquinilla de afeitar

کف ریش‌تراشی

la espuma de afeitar

آفترشیو

la loción postafeitado

شانه ی سر

el peine

برس

el cepillo

سشوار

el secador

اسپری مو

la laca

آرایش

el maquillaje

رژلب

el pintalabios

لاک ناخن

el pintauñas

پنبه

el algodón

قیچی ناخن

el cortauñas

عطر

el perfume

کیف لوازم آرایشی و بهداشتی

el estuche de viaje

چهارپایه

la banqueta

ترازو

la balanza

حوله ی پالتویی

el albornoz

دستکش ظرفشویی

los guantes de goma

تامپون

el tampón

نوار بهداشتی

la compresa

توالت سیار

el inodoro químico

اتاق بچه

la habitación de los niños

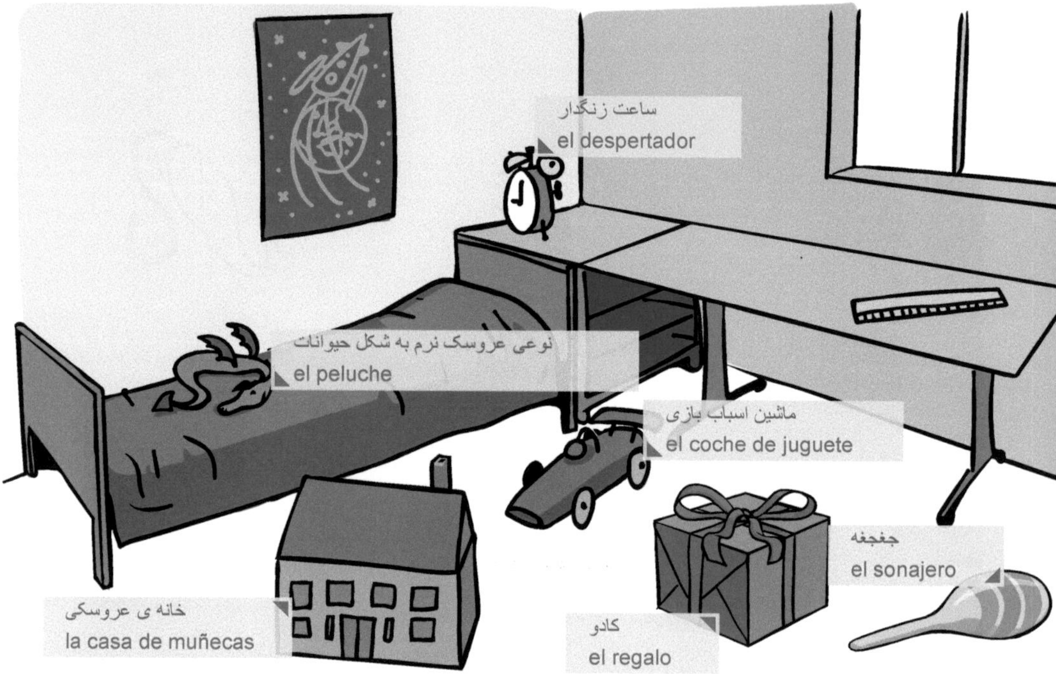

ساعت زنگدار
el despertador
نوعی عروسک نرم به شکل حیوانات
el peluche
ماشین اسباب بازی
el coche de juguete
جغجغه
el sonajero
خانه ی عروسکی
la casa de muñecas
کادو
el regalo

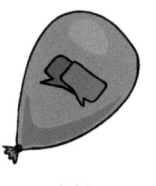

بادکنک

el globo

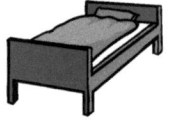

تخت خواب

la cama

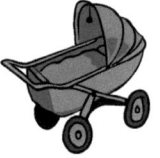

کالسکه بچه

el coche de niño

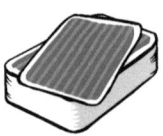

بازی ورق

los naipes

پازل

el puzle

SUPER
MEGA

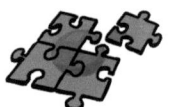

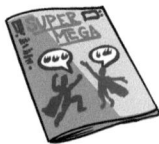

داستان مصور

el tebeo

اسباب بازی لگو

las piezas de lego

خانه سازی

los bloques de juguete

عروسک شخصیت های فیلم و کارتون

la figura de acción

لباس نوزاد

el bodi (de bebé)

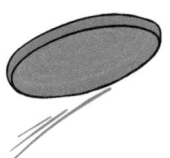

فریزبی

el frisbee

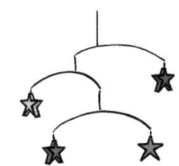

نوعی اسباب بازی که روی تخت نوزاد
یا کودک نصب می شود

el colgador móvil para
bebés

بازی روی صفحه

el juego de mesa

تاس

los dados

قطار اسباب بازی

el circuito de tren eléctrico

پستانک

el maniquí

مهمانی

la fiesta

کتاب مصور

el álbum de fotos

توپ

la pelota

عروسک

la muñeca

بازی کردن

jugar

جعبه شنی مخصوص بازی کودکان

el cajón de arena

تاب

el columpio

اسباب بازی

los juguetes

کنسول بازی های کامپیوتری

la videoconsola

سه چرخه

el triciclo

خرس عروسکی

el oso de peluche

کمد لباس

la guardarropa

لباس

la ropa

جوراب

los calcetines

جوراب زنانه ساق بلند

las medias

جوراب شلواری

los leotardos

شال
la bufanda

چتر
el paraguas

تی شرت
la camiseta

کمربند
el cinturón

پوتین
las botas

دمپایی
las zapatillas

کفش ورزشی کتانی
las deportivas

صندل
las sandalias

کفش
los zapatos

چکمه پلاستیکی
las botas de goma

شرت
el slip

سوتین
el sostén

جلیقه
el chaleco

لباس - la ropa   45

بادى

el bodi

شلوار

los pantalones cortos

جين

los vaqueros

دامن

la falda

بلوز

la blusa

پيراهن

la camisa

پوليور

el jersey

سويى شرت

el suéter

نوعى كت

el blazer

ژاكت

la chaqueta

كت بلند

el abrigo

بارانى

la gabardina

لباس نمايش

el traje

لباس

el vestido

لباس عروس

el vestido de novia

کت و شلوار
....
el traje

لباس خواب زنانه
....
el camisón

پیژامه
....
el pijama

ساری
....
el sati

روسری
....
el bandana

عمامه
....
el turbante

برقع
....
la burka

قبا
....
el caftán

عبا
....
la abaya

لباس شنا
....
el traje de baño

شرت شنا
....
el bañador

شلوارک
....
los pantalones cortos

لباس ورزشی
....
el chándal

پیشبند
....
el delantal

دستکش
....
los guantes

دکمه

el botón

عینک

las gafas

دستبند

el brazalete

گردنبند

el collar

انگشتر

el anillo

گوشواره

el pendiente

کلاه لبه دار

la gorra

چوب لباسی

la percha

کلاه

el sombrero

کراوات

la corbata

زیپ

la cremallera

کلاه ایمنی

el casco

بند شلوار

los tirantes

لباس مدرسه

el uniforme

لباس فرم

el uniforme

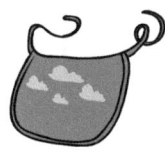

پیش بند بچه

el babero

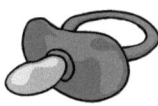

پستانک

el maniquí

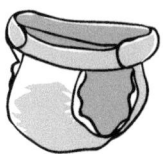

پوشک بچه

el pañal

اداره

la oficina

سرور
el servidor
کمد نگهداری پرونده
el archivo
چاپگر
la impresora
کاغذ
el papel
مانیتور
el monitor
ماوس
el ratón
میز تحریر
el escritoria
زونکن
la carpeta
صفحه کلید
el teclado
سبد کاغذ باطله
la papelera
کامپیوتر
el ordenador
صندلی
la silla

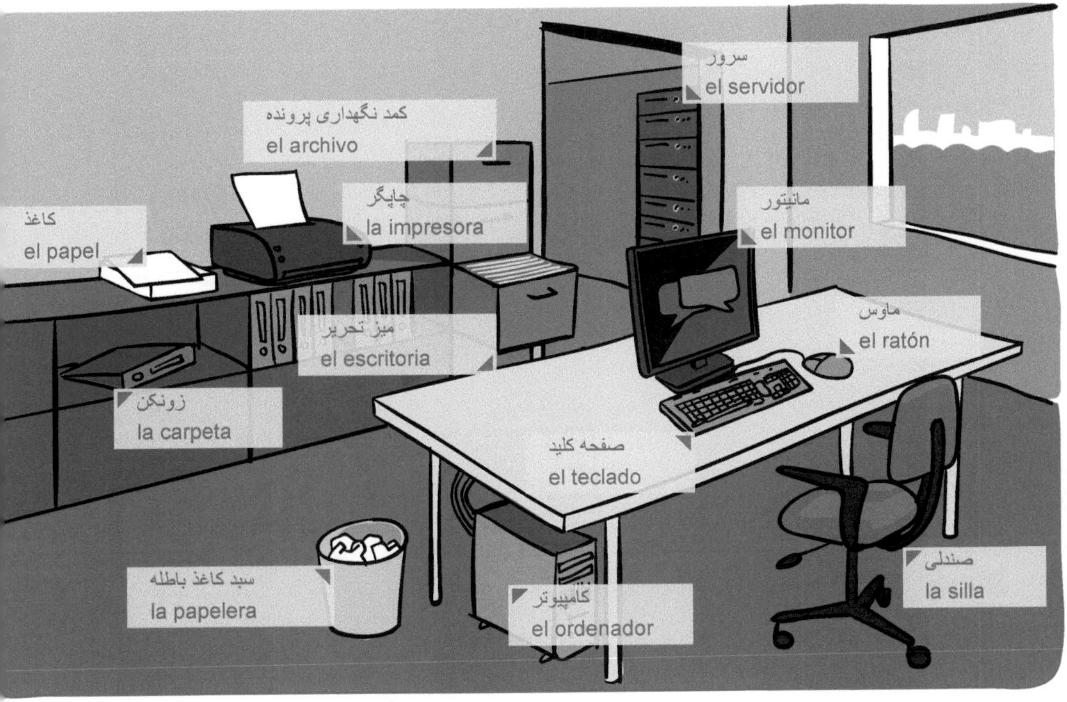

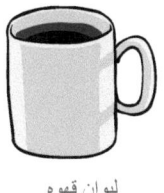

لیوان قهوه

la taza de café

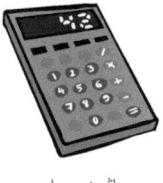

ماشین حساب

la calculadora

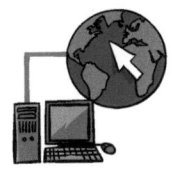

اینترنت

el internet

لپ تاپ

el portátil

نامه

la carta

پیغام

el mensaje

تلفن همراه

el móvil

شبکه ی ارتباطی

la red

دستگاه فتوکپی

la fotocopiadora

نرم افزار

el software

تلفن

el teléfono

پریز

la toma de corriente

دستگاه فاکس

el fax

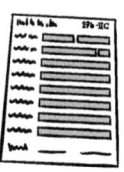

فرم

el formulario

مدرک

el documento

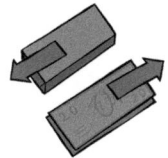

خریدن

comprar

پرداخت کردن

pagar

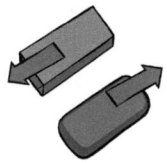

تجارت کردن

comerciar

پول

el dinero

دلار

el dólar

یورو

el euro

ین

el yen

روبل

el rublo

فرانک سوئیس

el franco suizo

یوان رنمینبی

el renminbi yuan

روپیه

la rupia

دستگاه خودپرداز

el cajero automático

صرافی

la oficina de cambio de divisas

طلا

el oro

نقره

la plata

نفت

el petróleo

انرژی

la energía

قیمت

el precio

قرارداد

el contrato

مالیات

el impuesto

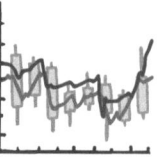

سهام سرمایه

la acción

کار کردن

trabajar

کارمند

el empleador

کارفرما

el empleador

کارخانه

la fábrica

مغازه

la tienda de campaña

مشاغل

los oficios

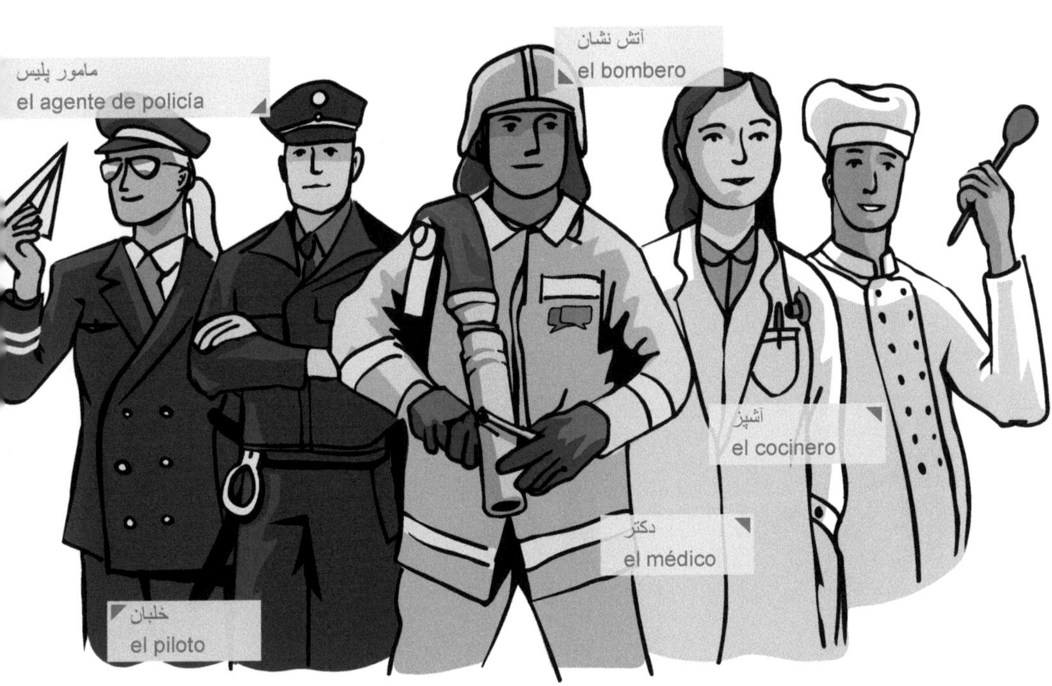

مامور پلیس
el agente de policía
آتش نشان
el bombero
آشپز
el cocinero
دکتر
el médico
خلبان
el piloto

باغبان

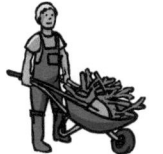

el jardinero

نجار

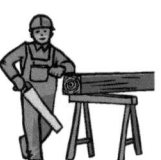

el carpintero

خیاط زنانه

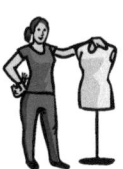

la costurera

قاضی

el juez

شیمیدان

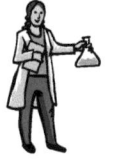

el farmacéutico

بازیگر

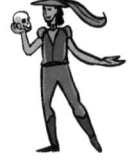

el actor

راننده اتوبوس

el conductor de autobús

نظافتچی زن

la señora de la limpieza

سقف ساز

el techador

راننده تاکسی

el taxista

ماهیگیر

el pescador

نقاش

el pintor

پیشخدمت رستوران

el camarero

شکارچی

el cazador

نانوا

el panadero

برقکار

el electricista

کارگر ساختمانی

el obrero

مهندس

el ingeniero

قصاب

el carnicero

لوله کش

el fontanero

پستچی

el cartero

سرباز

el soldado

معمار

el arquitecto

صندوقدار

el cajero

گل فروش

el florista

آرایشگر

el peluquero

مامور کنترل بلیط در قطار

el revisor

مکانیک

el mecánico

ناخدا

el capitán

دندانپزشک

el dentista

دانشمند

el científico

عالم یهودی

el rabino

امام

el imán

راهب

el monje

کشیش

el sacerdote

ابزارآلات

las herramientas

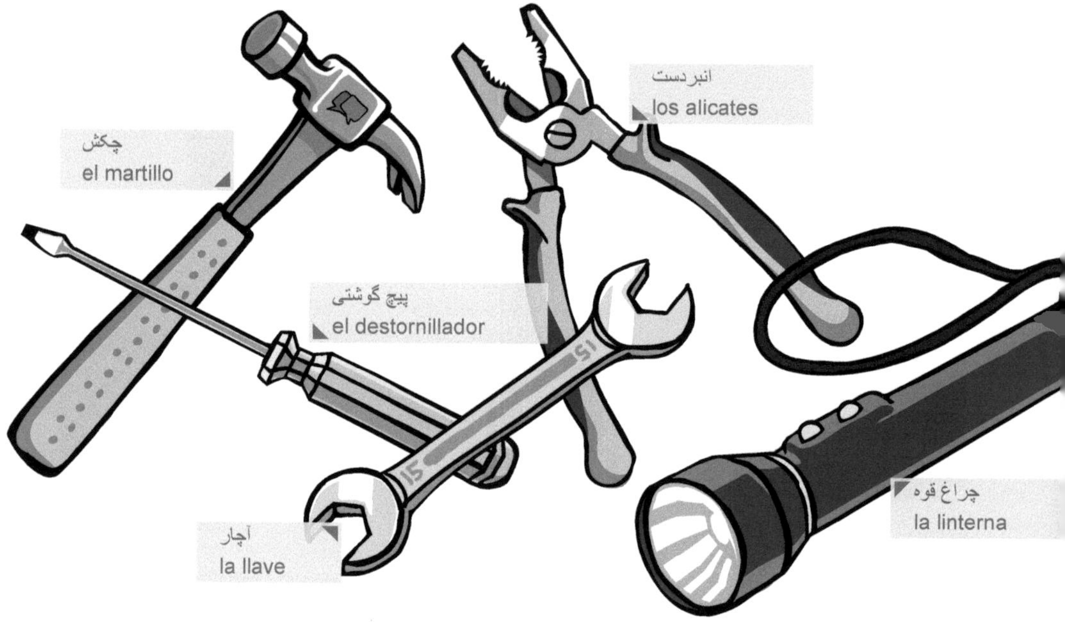

انبردست
los alicates
چکش
el martillo
پیچ گوشتی
el destornillador
چراغ قوه
la linterna
آچار
la llave

بیل مکانیکی

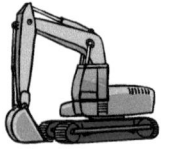

la excavadora

جعبه ابزار

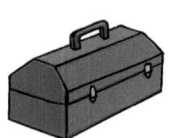

la caja de herramientas

نردبان

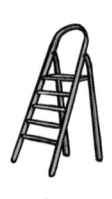

la escalera de mano

ارّه

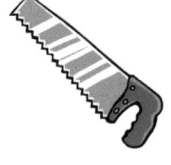

la sierra

میخ

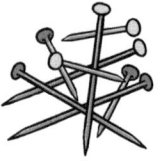

los clavos

مته

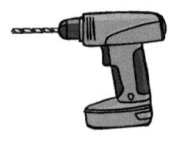

el taladro

تعمیر کردن

reparar

بیل

la pala

لعنتی!

¡Maldita sea!

خاک انداز

el recogedor

سطل رنگرزی

el bote de pintura

پیچ

los tornillos

آلات موسیقی
los instrumentos musicales

بلندگو
el altavoz

درامز
la batería

گیتار
la guitarra

کنترباس
el contrabajo

ترومپت
la trompeta

پیانو
....
el piano

ویولن
....
el violín

گیتار بیس
....
bajo

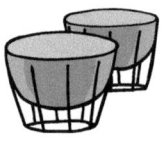

تیمپانی
....
los timbales

طبل
....
el tambor

کیبورد الکتریک
....
el teclado

ساکسیفون
....
el saxofón

فلوت
....
la flauta

میکروفون
....
el micrófono

باغ وحش

el zoo

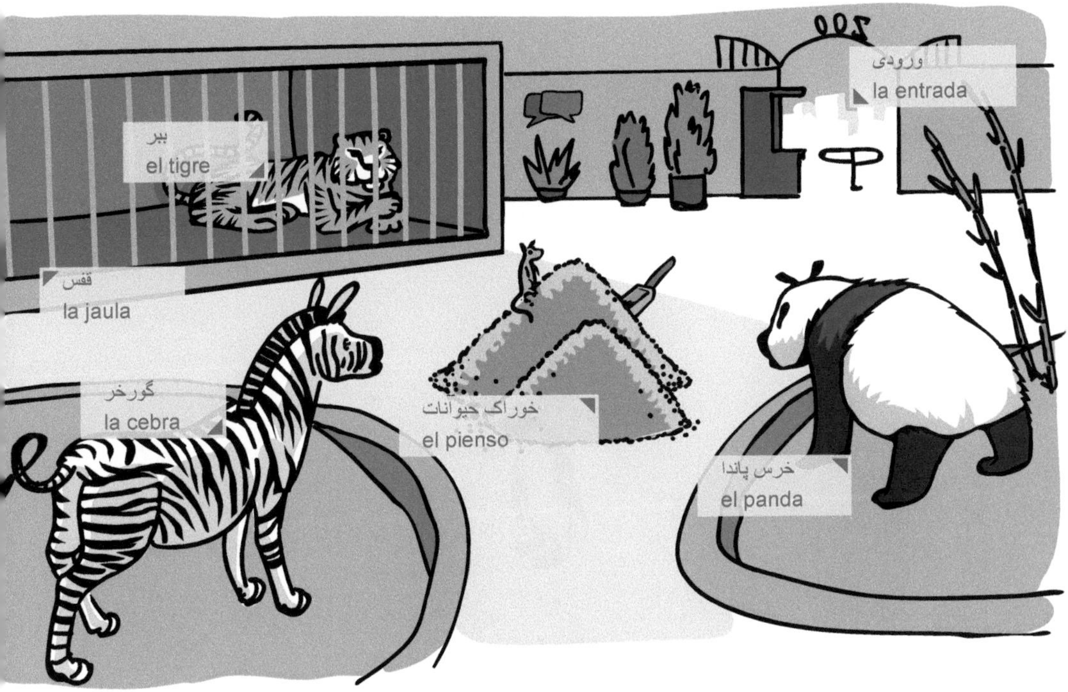

ورودی
la entrada
ببر
el tigre
قفس
la jaula
گورخر
la cebra
خوراک حیوانات
el pienso
خرس پاندا
el panda

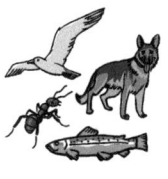

حیوانات

los animales

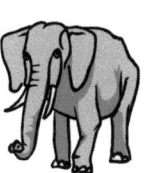

فیل

el elefante

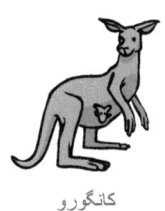

کانگورو

el canguro

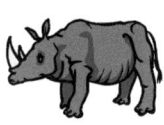

کرگدن

el rinoceronte

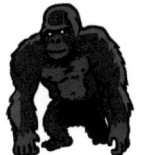

گوریل

el gorila

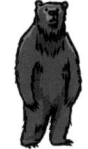

خرس

el oso

شُتُر

el camello

شُترمرغ

el avestruz

شیر

el león

میمون

el mono

فلامینگو

el flamingo

طوطی

el loro

خرس قطبی

el oso polar

پنگوئن

el pingüino

کوسه

el tiburón

طاووس

el pavo real

مار

la serpiente

تمساح

el cocodrilo

نگهبان باغ وحش

el guardián de zoológico

خوک آبی

la foca

پلنگ امریکایی

el jaguar

اسب کوچک

el poni

پلنگ

el leopardo

اسب آبی

el hipopótamo

زرافه

la jirafa

عقاب

el águila

گراز

el jabalí

ماهی

el pescado

لاک پشت

la tortuga

شیرماهی

la morsa

روباه

el zorro

غزال

la gacela

فوتبال آمریکایی
el fútbol americano

دوچرخه سواری
el ciclismo

تنیس
el tenis

بسکتبال
el baloncesto

شنا
la natación

بوکس
el boxeo

هاکی روی یخ
el hockey sobre hielo

فوتبال
....
el fútbol

بدمینتون
....
el bádminton

دوومیدانی
....
el atletismo

هندبال
....
el balonmano

اسکی
....
el esquí

پولو
....
el polo

las actividades

خندیدن
reír

پریدن
saltar

بغل کردن
abrazar

راه رفتن
caminar

آواز خواندن
cantar

رؤیا دیدن
soñar

دعا کردن
rezar

بوسیدن
besar

نوشتن
escribir

رسم کردن
dibujar

نشان دادن
mostrar

هل دادن
empujar

دادن
dar

برداشتن
tomar

داشتن
....
tener

انجام دادن
....
hacer

بودن
....
ser

ایستادن
....
estar de pie

دویدن
....
correr

کشیدن
....
tirar

پرتاب کردن
....
tirar

افتادن
....
caer

دراز کشیدن
....
yacer

منتظر بودن
....
esperar

حمل کردن
....
llevar

نشستن
....
estar sentado

لباس پوشیدن
....
vestirse

خوابیدن
....
dormir

بیدار شدن
....
despertar

تماشا کردن

mirar

گریه کردن

llorar

نوازش کردن

acariciar

شانه کردن

peinar

حرف زدن

hablar

فهمیدن

entender

پرسیدن

preguntar

شنیدن

escuchar

آشامیدن

beber

خوردن

comer

مرتب کردن

ordenar

عاشق بودن

amar

پختن

cocinar

رانندگی کردن

conducir

پرواز کردن

volar

قایقرانی کردن

navegar

محاسبه کردن

calcular

خواندن

leer

یاد گرفتن

aprender

کار کردن

trabajar

ازدواج کردن

casarse

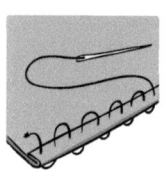

دوختن

coser

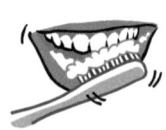

مسواک زدن

cepillarse los dientes

کشتن

matar

سیگار کشیدن

fumar

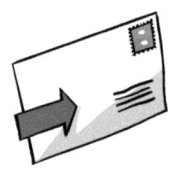

فرستادن

enviar

la familia

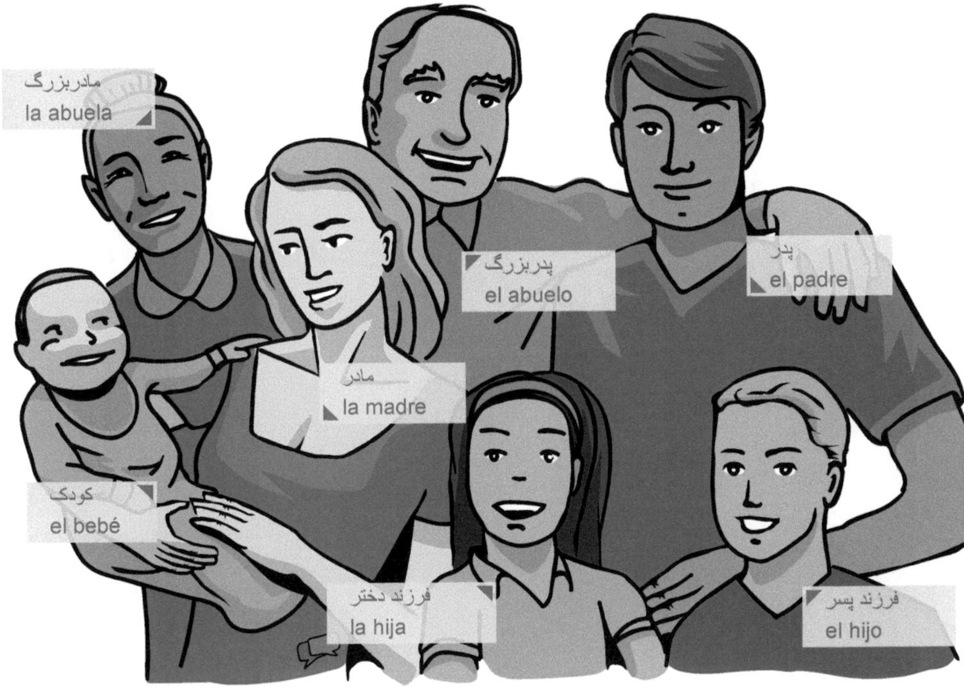
مادربزرگ
la abuela
پدربزرگ
el abuelo
پدر
el padre
مادر
la madre
کودک
el bebé
فرزند دختر
la hija
فرزند پسر
el hijo

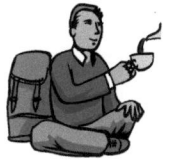

مهمان

el invitado

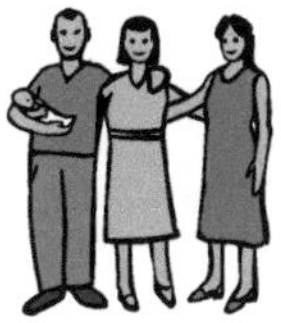

خاله، عمه

la tía

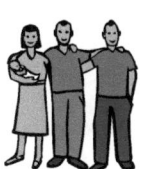

دایی، عمو

el tío

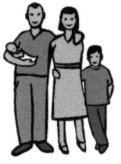

برادر

el hermano

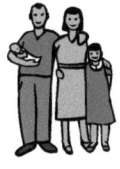

خواهر

la hermana

el cuerpo

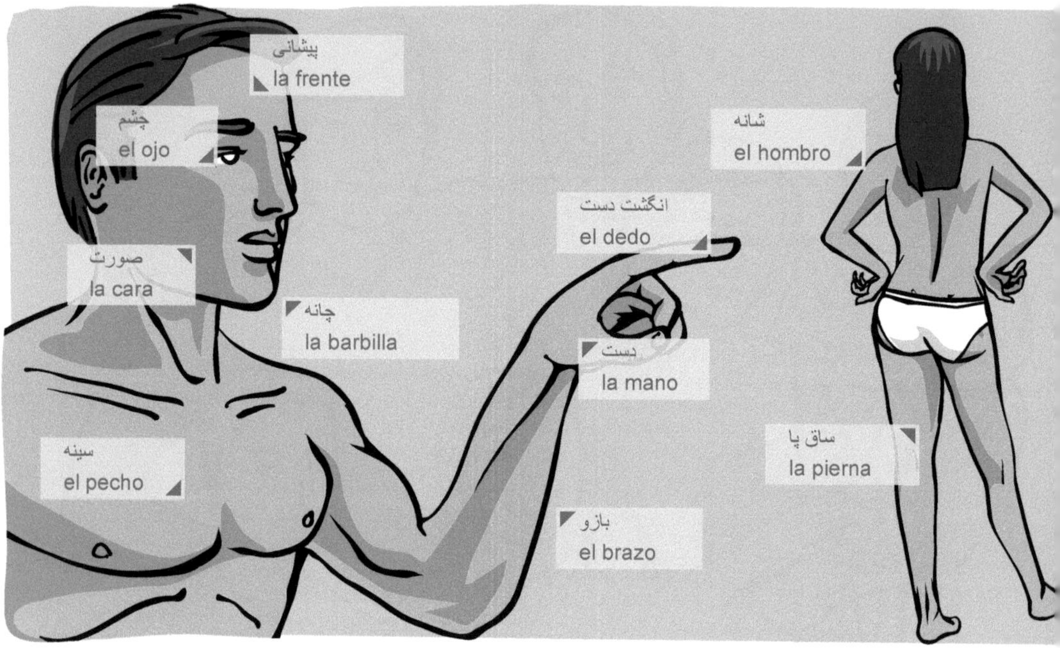

پیشانی
▲ la frente

چشم
el ojo ◢

شانه
el hombro ◢

انگشت دست
el dedo ◢

صورت
la cara ◢

چانه
◢ la barbilla

دست
la mano

سینه
el pecho ◢

بازو
el brazo

ساق پا
la pierna

كودک
....
el bebé

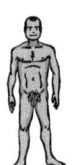

مرد
....
el hombre

زن
....
la mujer

دختربچه
....
la chica

پسربچه
....
el chico

كله
....
la cabeza

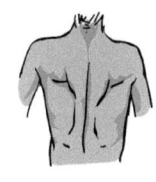

كمر

la espalda

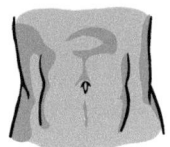

شکم

el vientre

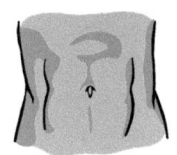

ناف

el ombligo

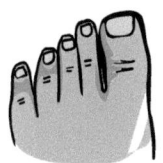

انگشت پا

el dedo del pie

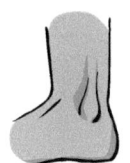

پاشنه

el talón

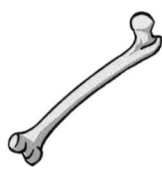

استخوان

el hueso

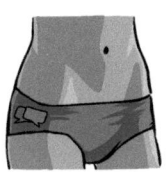

لگن

la cadera

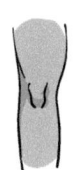

زانو

la rodilla

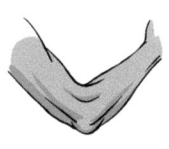

آرنج

el codo

بینی

la nariz

نشیمنگاه

el trasero

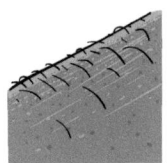

پوست

la piel

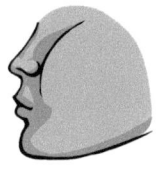

گونه

la mejilla

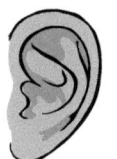

گوش

el oído

لب

el labio

بدن - el cuerpo

دهان

la boca

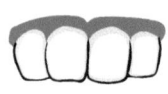

دندان

el diente

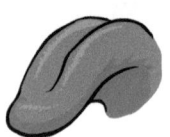

زبان

la lengua

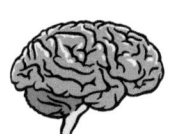

مغز

el cerebro

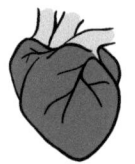

قلب

el corazón

عضله

el músculo

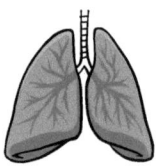

ریه

el pulmón

کبد

el hígado

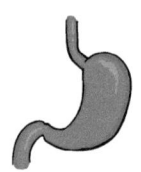

معده

el estómago

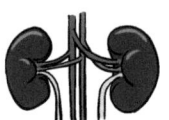

کلیه

los riñones

آمیزش جنسی

el sexo

کاندوم

el condón

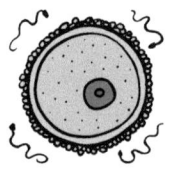

تخمک

el ovario

اسپرم

el semen

حاملگی

el embarazo

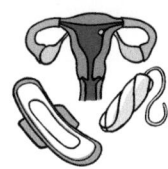

پریود

la menstruación

واژن

la vagina

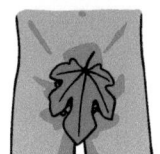

آلت تناسلی مرد

el pene

ابرو

la ceja

مو

el pelo

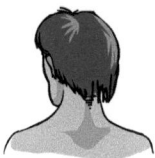

گردن

el cuello

بیمارستان
el hospital

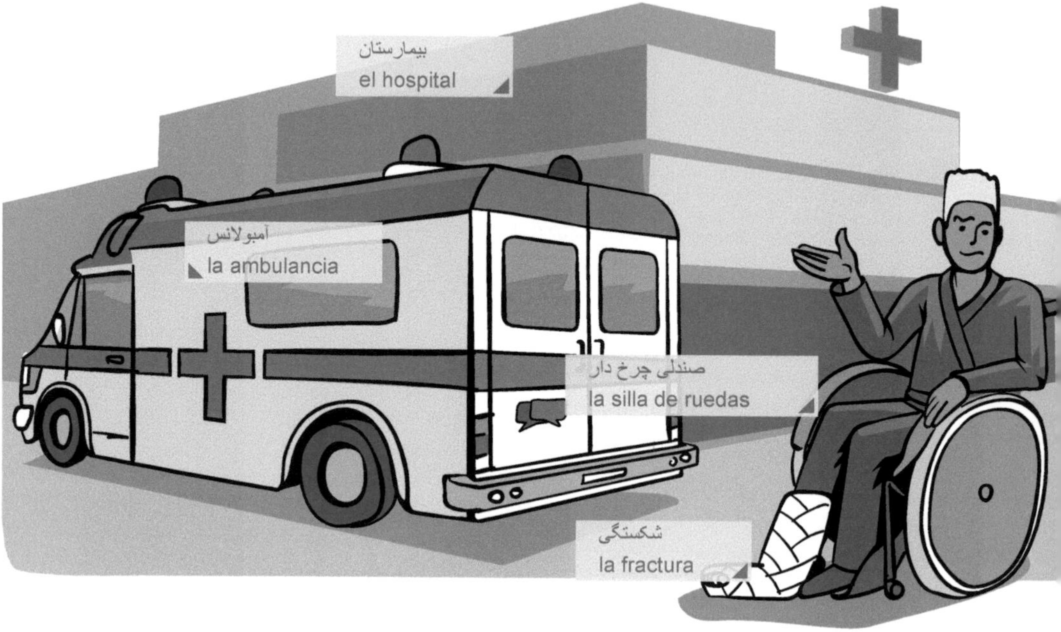

بیمارستان
el hospital
آمبولانس
la ambulancia
صندلی چرخ دار
la silla de ruedas
شکستگی
la fractura

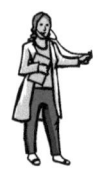

دکتر

el médico

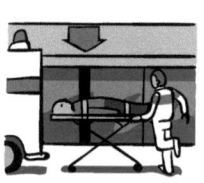

بخش اورژانس

la sala de urgencias

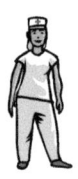

پرستار

la enfermera

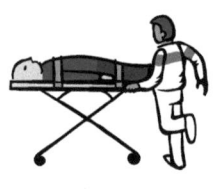

موقعیت اضطراری

la urgencia

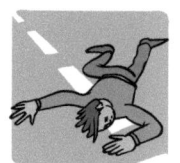

بی هوش

inconsciente

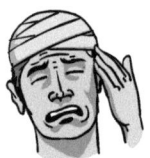

درد

el dolor

مصدوميت

la lesión

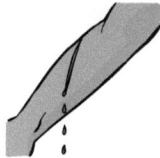

خونريزى

la hemorragia

سكته قلبى

el infarto

سكته مغزى

el ictus

آلرژى

la alergia

سرفه

la tos

تب

la fiebre

آنفولانزا

la gripe

اسهال

la diarrea

سردرد

el dolor de cabeza

سرطان

el cáncer

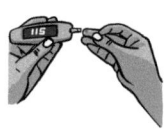

ديابت

la diabetes

جراح

el cirujano

چاقوى جراحى

el bisturí

عمل جراحى

la operación

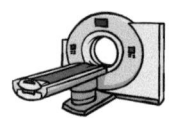

سی تی اسکن
TAC

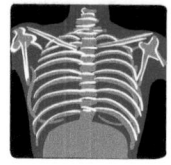

پرتونگاری
los rayos x

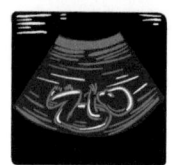

سونوگرافی
el ultrasonido

ماسک صورت
la mascarilla

بیماری
la enfermedad

اتاق انتظار
la sala de espera

چوب زیر بغل
la muleta

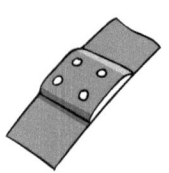

چسب زخم
la tirita

پانسمان
la venda

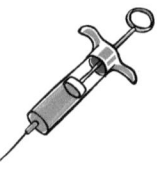

تزریق
la inyección

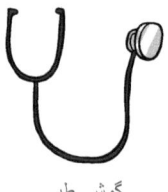

گوشی طبی
el estetoscopio

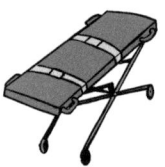

برانکار
la camilla

دماسنج
el termómetro

زایش
el nacimiento

اضافه وزن
el sobrepeso

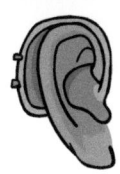

سمعک

el audífono

ماده ضد غفونی کننده

el desinfectante

عفونت

la infección

ویروس

el virus

اچ آی وی / ایدز

VIH / SIDA

دارو

la medicina

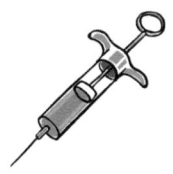

واکسیناسیون

la vacunación

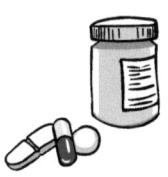

قرص

las tabletas

قرص ضد حاملگی

la pastilla

تماس اظطراری

la llamada de urgencia

دستگاه اندازه گیری فشارخون

el tensiómetro

مریض / سالم

enfermo / sano

la urgencia

کمک!

¡Socorro!

آژیر خطر

la alarma

حمله

el asalto

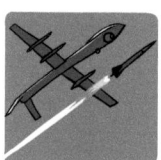

حمله ی فیزیکی

el ataque

خطر

el peligro

خروج اظطراری

la salida de emergencia

آتش

¡Fuego!

کپسول آتش نشانی

el extintor de incendios

تصادف

el accidente

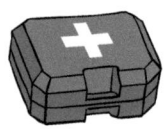

جعبه کمک های اولیه

el botiquín de primeros
auxilios

درخواست کمک

SOS

پلیس

la policía

اروپا

Europa

آمریکای شمالی

Norteamérica

آمریکای جنوبی

Sudamérica

آفریقا

África

آسیا

Asia

استرالیا

Australia

اقیا نوس اطلس

el atlántico

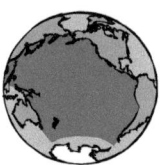

اقیانوس آرام

el Pacífico

اقیانوس هند

el Océano Índico

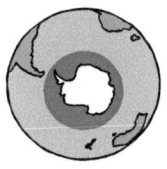

اقیا نوس اطلس جنوبی

el Océano Antártico

اقیانوس منجمد شمالی

el Océano Ártico

قطب شمال

el polo norte

قطب جنوب

el polo sur

قاره قطب جنوب

La Antártida

کره زمین

la tierra

سرزمین

la tierra

دریا

el mar

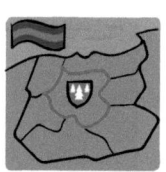

جزیره

la isla

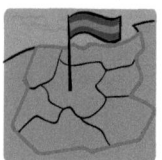

ملت

la nación

کشور

el estado

صفحه ی ساعت
....
la esfera

ساعت شمار
....
la manecilla de las horas

دقیقه شمار
....
el minutero

ثانیه شمار
....
el segundero

ساعت چند است؟
....
¿Qué hora es?

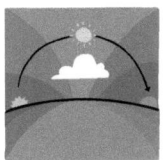

روز
....
el día

زمان
....
el tiempo

اکنون
....
ahora

ساعت دیجیتال
....
el reloj digital

دقیقه
....
el minuto

ساعت
....
la hora

la semana

دوشنبه
lunes

چهارشنبه
miércoles

جمعه
viernes

سه شنبه
martes

شنبه
sábado

پنج شنبه
jueves

یک شنبه
domingo

دیروز
ayer

امروز
hoy

فردا
mañana

صبح
la mañana

ظهر
el mediodía

غروب
la tarde

روزهای کاری
los días laborables

آخر هفته
el fin de semana

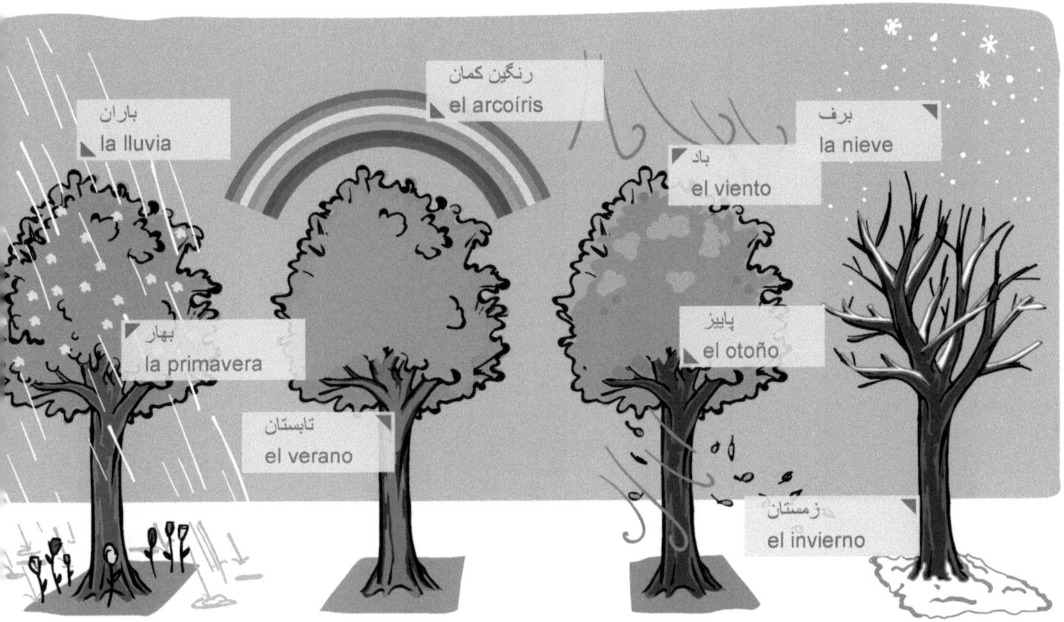

رنگین کمان
el arcoíris
باران
la lluvia
برف
la nieve
باد
el viento
بهار
la primavera
پاییز
el otoño
تابستان
el verano
زمستان
el invierno

4.APRIL 11°
5.APRIL 4°
6.APRIL 13°
7.APRIL 8°
8.APRIL 10°

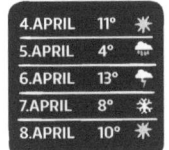

پیش‌بینی اوضاع جوی
....
el pronóstico del tiempo

F C
120 40
90 30
60 20
30 10
0 0
-30 -10
-20

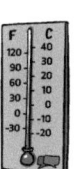

دماسنج
....
el termómetro

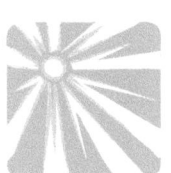

تابش آفتاب
....
el sol

ابر
....
la nube

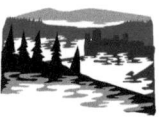

مِه
....
la niebla

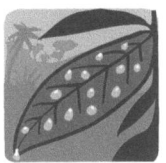

رطوبت هوا
....
la humedad

صاعقه
....
el rayo

آسمان غره
....
el trueno

طوفان
....
la tormenta

تگرگ
....
el granizo

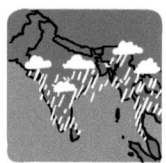

باد موسمی
....
el monzón

سیل
....
la inundación

یخ
....
el hielo

ژانویه
....
enero

فوریه
....
febrero

مارس
....
marzo

آوریل
....
abril

مه
....
mayo

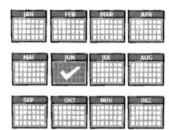

ژوئن
....
junio

ژوئیه
....
julio

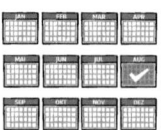

اگوست
....
agosto

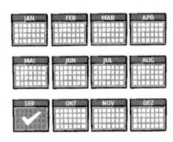

سپتامبر
....
septiembre

اكتبر
....
octubre

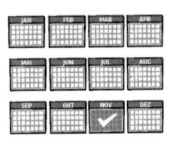

نوامبر
....
noviembre

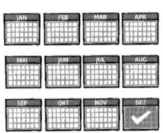

دسامبر
....
diciembre

أشكال

las formas

دايره
....
el círculo

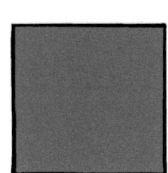

مربع
....
el cuadrado

مستطيل
....
el rectángulo

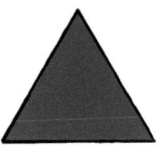

سه گوش
....
el triángulo

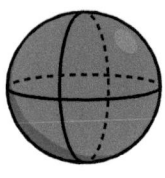

گره
....
la esfera

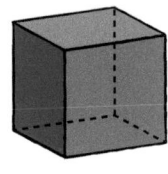

مكعب مربع
....
el cubo

سفید
....
blanco

زرد
....
amarillo

نارنجی
....
anaranjado

صورتی
....
rosa

قرمز
....
rojo

بنفش
....
morado

آبی
....
azul

سبز
....
verde

قهوه ای
....
marrón

خاکستری
....
gris

سیاه
....
negro

<u>خیلی</u> / کم

mucho / poco

خشمگین/ آرام

enojado / tranquilo

زیبا / زشت

bonito / feo

شروع / پایان

principio / fin

بزرگ / کوچک

grande / pequeño

روشن / تیره

claro / oscuro

برادر / خواهر

el hermano / la hermana

تمیز / آلوده

limpio / sucio

کامل / ناقص

completo / incompleto

روز / شب

el día / la noche

مرده / زنده

muerto / vivo

پهن / باریک

ancho / estrecho

قابل خوردن / غیر قابل خوردن

comestible / no comestible

غضبناک / مهربان

malo / amable

هیجان زده / بی حوصله

entusiasmado / aburrido

چاق / لاغر

gordo / delgado

اولین / آخرین

primero / último

دوست / دشمن

el amigo / el enemigo

پر / خالی

lleno / vacío

سفت / نرم

duro / blando

سنگین / سبک

pesado / ligero

گرسنگی / تشنگی

el hambre / la sed

مریض / سالم

enfermo / sano

غیرقانونی / قانونی

ilegal / legal

باهوش / خنگ

inteligente / tonto

چپ / راست

izquierda / derecha

نزدیک / دور

cerca / lejos

نو / استفاده شده

nuevo / usado

هیچ چیز / چیزی

nada / algo

پیر / جوان

viejo / joven

روشن / خاموش

encendido / apagado

باز / بسته

abierto / cerrado

آهسته / بلند

silencioso / ruidoso

ثروتمند / فقیر

rico / pobre

درست / غلط

correcto / incorrecto

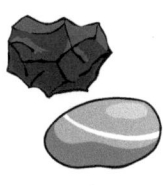

زبر / صاف

áspero / suave

غمگین / خوشحال

triste / contento

کوتاه / بلند

corto / largo

کند / تند

lento / rápido

تَر / خشک

húmedo / seco

گرم / خنک

cálido / frío

جنگ / صلح

guerra / paz

los números

0

صفر

cero

1

یک

uno

2

دو

dos

3

سه

tres

4

چهار

cuatro

5

پنج

cinco

6

شش

seis

7

هفت

siete

8

هشت

ocho

9

نه

nueve

10

دَه

diez

11

یازده

once

12
دوازده
doce

13
سیزده
trece

14
چهارده
catorce

15
پانزده
quince

16
شانزده
dieciséis

17
هفده
diecisiete

18
هجده
dieciocho

19
نوزده
diecinueve

20
بیست
veinte

100
صد
cien

1.000
هزار
mil

1.000.000
میلیون
el millón

انگلیسی
....
el inglés

انگلیسی آمریکایی
....
el inglés americano

چینی ماندارین
....
el chino madarín

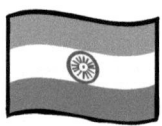

هندی
....
el hindi

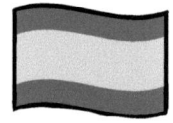

اسپانیایی
....
el español

فرانسوی
....
el francés

عربی
....
el árabe

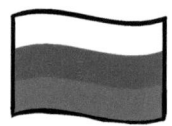

روسی
....
el ruso

پرتغالی
....
el portugués

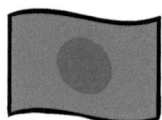

بنگالی
....
el bengalí

آلمانی
....
el alemán

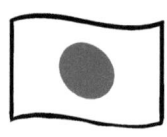

ژاپنی
....
el japonés

من

yo

تو

tú

او

él / ella / ello

ما

nosotros/as

شما

vosotros/as

آنها

ellos/as

چه کسی؟ کی؟

¿quién?

چی؟

¿qué?

چگونه؟

¿cómo?

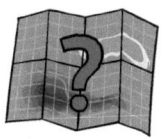

کجا؟

¿dónde?

کی؟

¿cuándo?

نام

el nombre

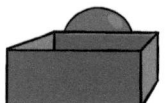

پشت

detrás

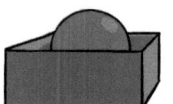

توی

en

جلو

delante de

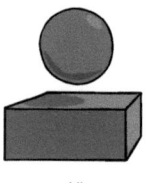

بالای

por encima de

روی

sobre

زیر

debajo de

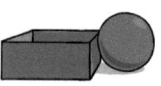

مجاور

junto a

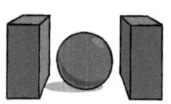

بین

entre

مکان

el lugar